Nereide Schilaro Santa Rosa

Pedagoga, arte-educadora e escritora, publicou mais de 50 livros sobre arte para crianças e jovens.

Neusa Schilaro Scaléa

Coordenadora da Pinacoteca Municipal de São Caetano do Sul. Curadora de mostras de Arte. Professora, fez curso de especialização em Museus de Arte no MAC – USP. Autora de livros sobre Arte e Educação.

1ª edição
São Paulo, 2013

© NEREIDE SCHILARO SANTA ROSA, NEUSA SCHILARO SCALÉA, 2013

COORDENAÇÃO EDITORIAL Lisabeth Bansi
ASSISTÊNCIA EDITORIAL Patrícia Capano Sanchez
PREPARAÇÃO DE TEXTO José Carlos de Castro
COORDENAÇÃO DE EDIÇÃO DE ARTE Camila Fiorenza
CAPA E DIAGRAMAÇÃO Caio Cardoso
COORDENAÇÃO DE REVISÃO Elaine C. Del Nero
REVISÃO Olívia Y. Duarte
PESQUISA ICONOGRÁFICA Mariana Veloso Lima, Marcia Sato
COORDENAÇÃO DE BUREAU Américo Jesus
TRATAMENTO DE IMAGENS Marina M. Buzzinaro, Bureau São Paulo
PRÉ-IMPRESSÃO Fabio Novaes Precendo
COORDENAÇÃO DE PRODUÇÃO INDUSTRIAL Arlete Bacic de Araújo Silva
IMPRESSÃO E ACABAMENTO Forma Certa Gráfica Digital
LOTE 797.301
COD 12089412

Dados Internacionais de Catalogação na Publicação (CIP)
(Câmara Brasileira do Livro, SP, Brasil)

Santa Rosa, Nereide Schilaro
Vamos ao museu? / Nereide Schilaro Santa Rosa,
Neusa Schilaro Scaléa. – 1. ed. – São Paulo : Moderna, 2013.

ISBN 978-85-16-08941-2

1. Museus - Aspectos educacionais 2. Museus - literatura
infantojuvenil I. Scaléa, Neusa Schilaro. II. Título.

13-07197   CDD-028.5

Índices para catálogo sistemático:
1. Museus : Coleções : Literatura juvenil   028.5

REPRODUÇÃO PROIBIDA. ART. 184 DO CÓDIGO PENAL E
LEI Nº 9.610, DE 19 DE FEVEREIRO DE 1998

Todos os direitos reservados
EDITORA MODERNA LTDA.
Rua Padre Adelino, 758 – Belenzinho
São Paulo – SP – Brasil – CEP 03303-904
Vendas e Atendimento: Tel. (11) 2790-1300
www.modernaliteratura.com.br
2025

IMAGENS DE CAPA
©Dutourdumonde/Shutterstock, ©Miro Novak/Shutterstock,
©Gillmar/Shuttersttock, ©Worker/Shutterstock, ©Danshutter/
Shutterstock, ©Bombaert Patrick/Shutterstock, ©Richard Peterson/
Shutterstock, ©Only Fabrizio/Shutterstock, ©WilleeCole/Shutterstock,
©R. Gino Santa Maria/Shutterstock, ©Sleepwalker/Shutterstock,
©Jmcdermottillo/Shutterstock, ©Marques/Shutterstock,
©Reinhold Leitner/Shutterstock, ©Irina Baturina/Shutterstock,
©Boyan Dimitrov/Shutterstock.

Sumário

Um convite 5

Introdução
Somos curiosos! 7

Os curiosos colecionam 10

1. A origem dos museus 12
    Os viajantes e os curiosos 15
    Os gabinetes de curiosidades 17

2. Os museus 18
    O que faz um museu 20
    A organização de um museu 21
    O prédio do museu 24
    Quem trabalha nos museus? 27

3. A visitação 30
    Lembretes importantes 32
    Uma visita legal para alguém especial 33
    Durante a visita 34

4. Escolhendo um museu 37
    O museu de história 38
    Sobre o acervo do museu de história 42
    O museu de ciências 44
    Sobre o acervo do museu de ciências naturais 46
    O museu de arte 51
    Sobre o acervo do museu de arte 54

Considerações finais 64

"Os museus são casas que guardam e apresentam sonhos, sentimentos, pensamentos e intuições que ganham corpo através de imagens, cores, sons e formas. Os museus são pontes, portas e janelas que ligam e desligam mundos, tempos, culturas e pessoas diferentes."

(APRESENTAÇÃO DO INSTITUTO BRASILEIRO DE MUSEUS – IBRAM.)

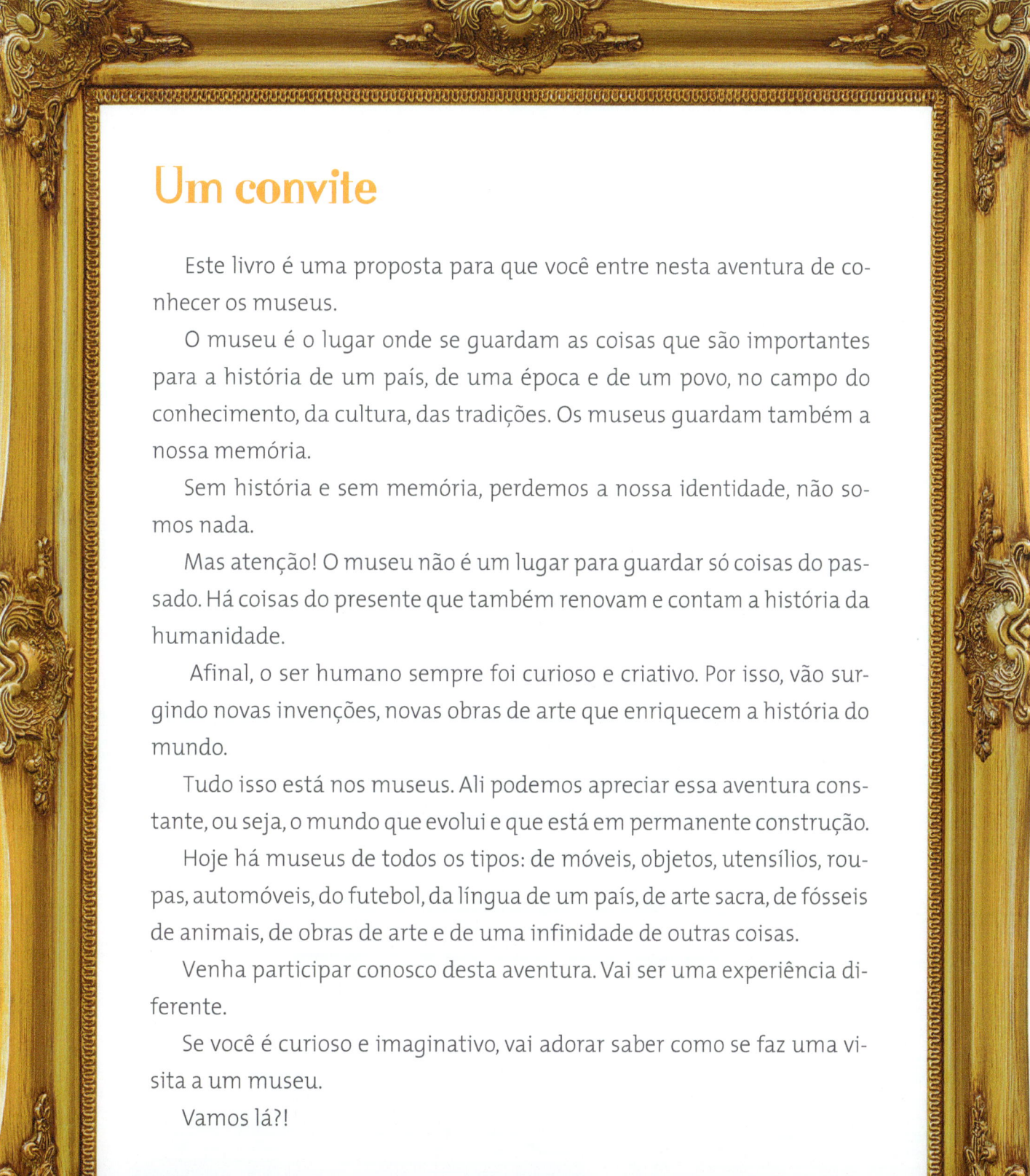

Um convite

Este livro é uma proposta para que você entre nesta aventura de conhecer os museus.

O museu é o lugar onde se guardam as coisas que são importantes para a história de um país, de uma época e de um povo, no campo do conhecimento, da cultura, das tradições. Os museus guardam também a nossa memória.

Sem história e sem memória, perdemos a nossa identidade, não somos nada.

Mas atenção! O museu não é um lugar para guardar só coisas do passado. Há coisas do presente que também renovam e contam a história da humanidade.

Afinal, o ser humano sempre foi curioso e criativo. Por isso, vão surgindo novas invenções, novas obras de arte que enriquecem a história do mundo.

Tudo isso está nos museus. Ali podemos apreciar essa aventura constante, ou seja, o mundo que evolui e que está em permanente construção.

Hoje há museus de todos os tipos: de móveis, objetos, utensílios, roupas, automóveis, do futebol, da língua de um país, de arte sacra, de fósseis de animais, de obras de arte e de uma infinidade de outras coisas.

Venha participar conosco desta aventura. Vai ser uma experiência diferente.

Se você é curioso e imaginativo, vai adorar saber como se faz uma visita a um museu.

Vamos lá?!

Introdução

Somos curiosos!

Você é curioso? Quase todo mundo é.

E não há nada de mal nisso. Afinal, se a humanidade chegou até aqui, foi devido a sua curiosidade.

As coleções dos museus guardam a memória do mundo, como já vimos! E o mundo tem memória?

Claro que tem. A memória do mundo é a história formada pelas coisas que as pessoas curiosas foram criando, construindo e produzindo ao longo do tempo.

As pessoas criam, escrevem, cozinham, conversam, leem e fazem muito mais porque são curiosas!

A curiosidade faz o ser humano procurar e descobrir novas máquinas, novos meios de transporte, satélites, foguetes, robôs, computadores cada vez mais rápidos e interativos, enfim, tudo o que sua imaginação pode alcançar.

Os curiosos fazem perguntas e querem saber as respostas.

Os inventores, os artistas, os cientistas são pessoas curiosas, que estudam o mundo para poder criar sempre mais.

Para saber mais

O Programa Memória do Mundo, da Unesco, tem por objetivo identificar documentos importantes para a história da humanidade, e o Brasil participa desse programa através do Ministério da Cultura.

Alberto Santos-Dumont (1873-1932), o brasileiro que inventou o avião, foi uma criança bem curiosa. Certa vez, destruiu a boneca de sua irmã para ver como ela funcionava por dentro.

Além disso, ele gostava de xeretar na fazenda do pai e dirigir o locomóvel, uma espécie de locomotiva antiga.

Locomóvel é uma máquina a vapor criada em 1777.

Leonardo Da Vinci, autor da famosa obra *A Mona Lisa*, viveu na Itália e na França.

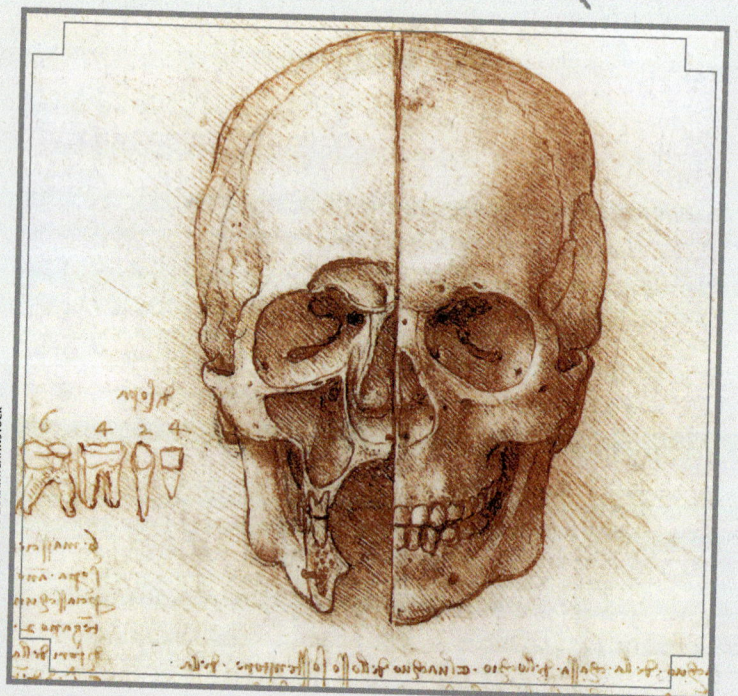

Leonardo Da Vinci (1452-1519), um artista italiano do Renascimento, movimento cultural que surgiu na Europa nos séculos XV e XVI, ficou famoso por suas pinturas e desenhos. Ele era muito curioso e costumava estudar detalhadamente o corpo humano para poder desenhá-lo com perfeição.

Albert Einstein (1879-1955), o cientista que descobriu a teoria da relatividade, dizia que todos devem seguir sua própria curiosidade, e que ele era apenas um apaixonadamente curioso.

Albert Einstein, físico alemão, defendeu a criação da bomba atômica, mas depois do seu uso, lutou pelo fim das armas nucleares.

Os curiosos colecionam

As coleções nos ajudam a conhecer o mundo, as pessoas, as plantas, os animais etc.

Os colecionadores são pessoas que colecionam objetos. Curiosos, eles procuram e guardam objetos que julgam interessantes. Você já colecionou alguma coisa?

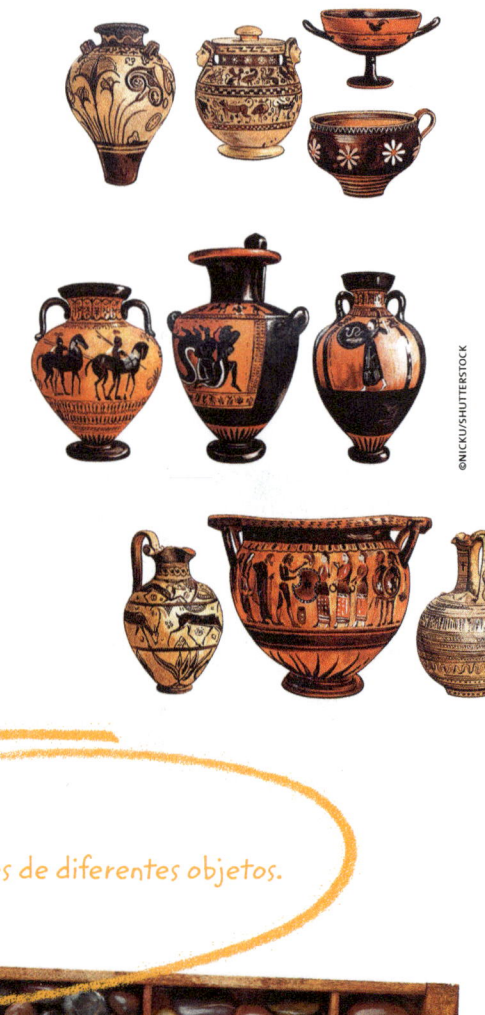

Exemplos de coleções de diferentes objetos.

Filatelia é o estudo e o ato de colecionar selos de correio. Os correios, em quase todos os países do mundo, têm um setor dedicado aos filatelistas.

As coleções dos curiosos colecionadores deram origem aos museus. Veja a seguir como isso aconteceu.

1. A origem dos museus

Nas antigas civilizações era costume sepultar os mortos junto com uma coleção de objetos pessoais. Colecionar era uma necessidade para aqueles povos. Afinal, eles acreditavam que depois da morte a pessoa utilizaria os objetos num outro mundo.

Na Grécia antiga, entre 750 a.C. e 31 a.C., as coleções de objetos eram colocadas dentro dos templos para que fossem ofertadas aos deuses gregos. O ato de colecionar tinha como objetivo agradar aos deuses e garantir ao dono da coleção uma vida feliz.

As múmias egípcias eram geralmente enterradas com seus objetos pessoais pois, segundo a crença, elas os levariam para a outra vida.

No Império Romano, que se estendeu de 27 a.C. até 476 d.C., as coleções de objetos de valor eram dos imperadores e generais. Nesse caso, serviam para mostrar poder e riqueza. Ao chegarem da guerra, os soldados romanos desfilavam na cidade exibindo os objetos que traziam para o imperador. Eles passavam por debaixo de construções em forma de arco, conhecidas como Arcos de Triunfo, que eram decorados com desenhos e esculturas de objetos conquistados em lutas passadas.

Na Idade Média, entre os séculos V e começo do século XV, os objetos guardados eram religiosos, pois a Igreja Católica passou a guardar objetos que haviam pertencido aos santos católicos e que eram con-

Arco de Constantino, em homenagem ao imperador romano Constantino I, o Grande.

siderados milagrosos. Esses objetos eram chamados de relíquias e o povo só poderia vê-los em procissões ou quando eram expostos nas igrejas.

Na época do Renascimento, entre os séculos XV e início do século XVII, os príncipes, religiosos e pessoas poderosas começaram a colecionar joias, vasos e outros objetos valiosos. Também surgiu interesse por objetos que diziam pertencer a criaturas lendárias, como um chumaço de cabelo de uma sereia, dentes de dragões, coração de monstros etc.

Estátua da musa Terpsícore no Achilleion, palácio em Corfu, Grécia. Terpsícore era a musa da dança.

Para saber mais

Segundo uma lenda grega, as Musas eram filhas de Zeus, o rei dos deuses, e de Mnemosine, a deusa da memória. O templo das Musas, que existiu 600 anos antes de Cristo, localizado na cidade de Crotona, no sudeste da Itália, deu origem à palavra museu, pois era um lugar onde se guardavam as oferendas aos deuses. Mais tarde surgiu o Musaeum, na cidade de Alexandria, inspirado nos templos gregos.

Os viajantes e os curiosos

Quando surgiram as primeiras viagens marítimas para outros continentes, os viajantes europeus levaram objetos exóticos de diversos países para suas casas na Europa. Isso despertou a curiosidade das pessoas e os objetos passaram a ser vendidos. Os marinheiros acharam ótimo, pois aumentavam seus ganhos ao trazer tudo o que fosse diferente em suas bagagens, como animais empalhados, plantas, minerais, conchas etc.

Animal empalhado.

Totem original de Vancouver, Canadá.

Turbante indiano usado em casamentos.

Em 2011 e 2012, um grupo de artistas interpretou para o público que circulava pelos terminais rodoviários da Barra Funda e do Tietê, na cidade de São Paulo, uma peça com o tema "O que você carrega em sua mala?". Muita gente, movida pela curiosidade, parou para assistir.

O gabinete de curiosidades do boticário napolitano Ferrante Imperato, que viveu na Itália entre 1521 e 1609, está entre os mais famosos da época.

Os gabinetes de curiosidades

O interesse pelos objetos trazidos pelos viajantes era tanto que em 1616, na Holanda, foi impresso o primeiro catálogo ilustrado com a lista de objetos colocados à venda. Além disso, surgiu o leiloeiro, que era a pessoa que organizava a venda, e o avaliador, que definia os preços.

As coleções continuaram aumentando e houve necessidade de organizar espaços para acomodá-las. Esses espaços foram chamados de gabinetes de curiosidades e, nesses locais, viajantes e exploradores contavam suas histórias sobre a coleta dos objetos para um público bastante curioso.

Os objetos guardados nos gabinetes de curiosidades eram separados por categorias: havia as seções chamadas Naturalia e as seções Mirabilia.

A Naturalia era a maior e tinha objetos dos reinos animal, vegetal e mineral, com destaque para plantas e ervas medicinais, que eram colocadas em jardins anexos aos gabinetes.

A Mirabilia era dividida entre antiguidades e objetos exóticos dos povos antigos e objetos produzidos pelo homem (Artificialia).

Para saber mais

Assim como guardamos nossos arquivos no computador nos dias de hoje, naquele tempo as informações consideradas sigilosas também eram bem restritas.

Existiam gabinetes de curiosidades que eram secretos, geralmente pertencentes aos reis. Um deles, do imperador Rodolfo II, transformou-se no Museu Imperial de Viena, na Áustria.

O pintor italiano Giuseppe Arcimbold representou esse imperador numa pintura chamada Vertumnus, o deus romano das estações. Dizem que a imagem das frutas que o retratou seria a representação da coleção secreta do imperador.

Rodolfo II de Habsburg como Vertumnus, de Giuseppe Arcimbold, 1590, óleo sobre painel, 56 x 68 cm.

Giuseppe Arcimbold foi um pintor italiano que viveu entre 1527 e 1593, e ficou famoso pelo estilo conhecido como grotesco em suas pinturas.

2. Os museus

Os museus surgiram dos gabinetes de curiosidades, que já não tinham espaço nem maneiras de acomodar e conservar as coleções. Como o interesse ainda era grande, os governos e as instituições abriram espaços para expor os objetos e protegê-los.

Isso ajudou na aquisição de maior conhecimento e no desenvolvimento científico

O Museu da Pesca, na cidade de Santos, litoral de São Paulo, funciona no prédio de um antigo forte do século XVIII, que depois se tornou Gabinete de História Natural, cuja coleção deu origem ao atual museu. Seu acervo foi crescendo com exemplares de tubarões, arraias e possui um esqueleto de baleia com 23 metros, que exigiu a demolição de paredes para que fosse acomodado.

da época, pois as coleções de fósseis, insetos, animais, flores e plantas passaram a ser estudadas pelos cientistas e pesquisadores com mais facilidade.

Criaram-se maneiras de coletar os objetos com planejamento, organização e formas de se preservarem as coleções para que não se estragassem e dificultassem os estudos.

O Museu Britânico, na Inglaterra, criado em 1753, foi o primeiro museu nacional, inaugurado com objetos do colecionador *sir* Hans Sloane.

O Museu do Louvre, em Paris, capital da França, é considerado o primeiro museu público de arte. Inicialmente chamava-se Museu Central de Artes, e expunha obras que haviam pertencido à família real francesa.

Coleção de conchas de *sir* Hans Sloane, exposta no Museu Britânico.

A Grande Galeria do Louvre, em Paris, foi inaugurada em 10 de agosto de 1793. Sua seção de pintura é a segunda maior do mundo, com mais de 12 mil obras, e em seu acervo há peças originais de todos os continentes, além de objetos históricos e de arte decorativa.

O que faz um museu

As principais funções dos museus são: pesquisar, coletar, preservar e expor objetos, documentos e imagens.

O museu leva a público o resultado das pesquisas e revela como as obras de arte, os objetos históricos e científicos surgiram e evoluíram ao longo do tempo e das civilizações.

O Museu Paraense Emilio Goeldi, fundado em 1866, na cidade de Belém, no Pará, tem como finalidade coletar, preservar e expor objetos, animais e plantas da Amazônia. O museu tem um parque no centro da cidade de Belém, desde 1895, com exemplos da fauna e da flora amazônica para estudos e pesquisas.

Foto de uma das salas de exposição da Usina Ciência da Universidade Federal de Alagoas, um museu de ciências onde se aprende sobre o corpo humano, o meio ambiente, e são realizadas experiências físicas e biológicas, entre outras atividades.

A organização de um museu

O museu nasce a partir de uma coleção que passa a se chamar acervo. As pessoas que trabalham no museu é que definem se os objetos podem ou não fazer parte do acervo. Essa é uma tarefa que exige muito estudo, atenção e dedicação.

Um objeto passa a fazer parte de um acervo de museu se ele for importante para a história de uma região ou de um país, para estudos de ciências, para facilitar o entendimento de civilizações passadas ou ainda para ser apreciado como obra de arte.

Às vezes, um objeto que é guardado para ser estudado torna-se uma peça interessante para ser apreciada pelo público. Outras vezes, se dá o contrário, ou seja, um objeto que vem sendo apreciado pelo público passa a ser estudado com maior profundidade.

O Museu dos Brinquedos está localizado em Belo Horizonte, capital de Minas Gerais, e foi inaugurado em 2006. Esse museu era o sonho de uma senhora mineira chamada Luiza de Azevedo Meyer, e foi criado a partir de sua coleção de brinquedos.

Alguns museus possuem uma sala com uma pequena loja que vende livros ou impressos, réplicas de obras ou objetos decorativos, cartões postais e outros itens inspirados em seu acervo, ou seja, pequenas lembranças para que o visitante possa levar consigo algo de interessante ou ilustrativo daquilo que apreciou no museu. O que é arrecadado nessas lojinhas é revertido para a manutenção do próprio museu.

O Museu do Homem Americano, localizado na cidade São Raimundo Nonato, no estado do Piauí, conta para os visitantes as descobertas sobre a origem e o povoamento do Homem nas Américas, com destaque para os achados na Serra da Capivara. Na imagem vemos urnas funerárias pertencentes ao seu acervo.

Loja do Museu de Arte Moderna na cidade de Nova York (EUA).

©EL CHAPULIN/ALAMY/GLOW IMAGES

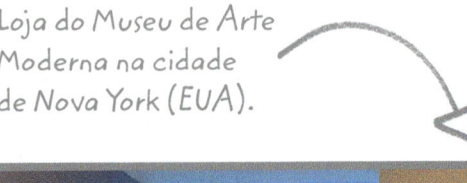

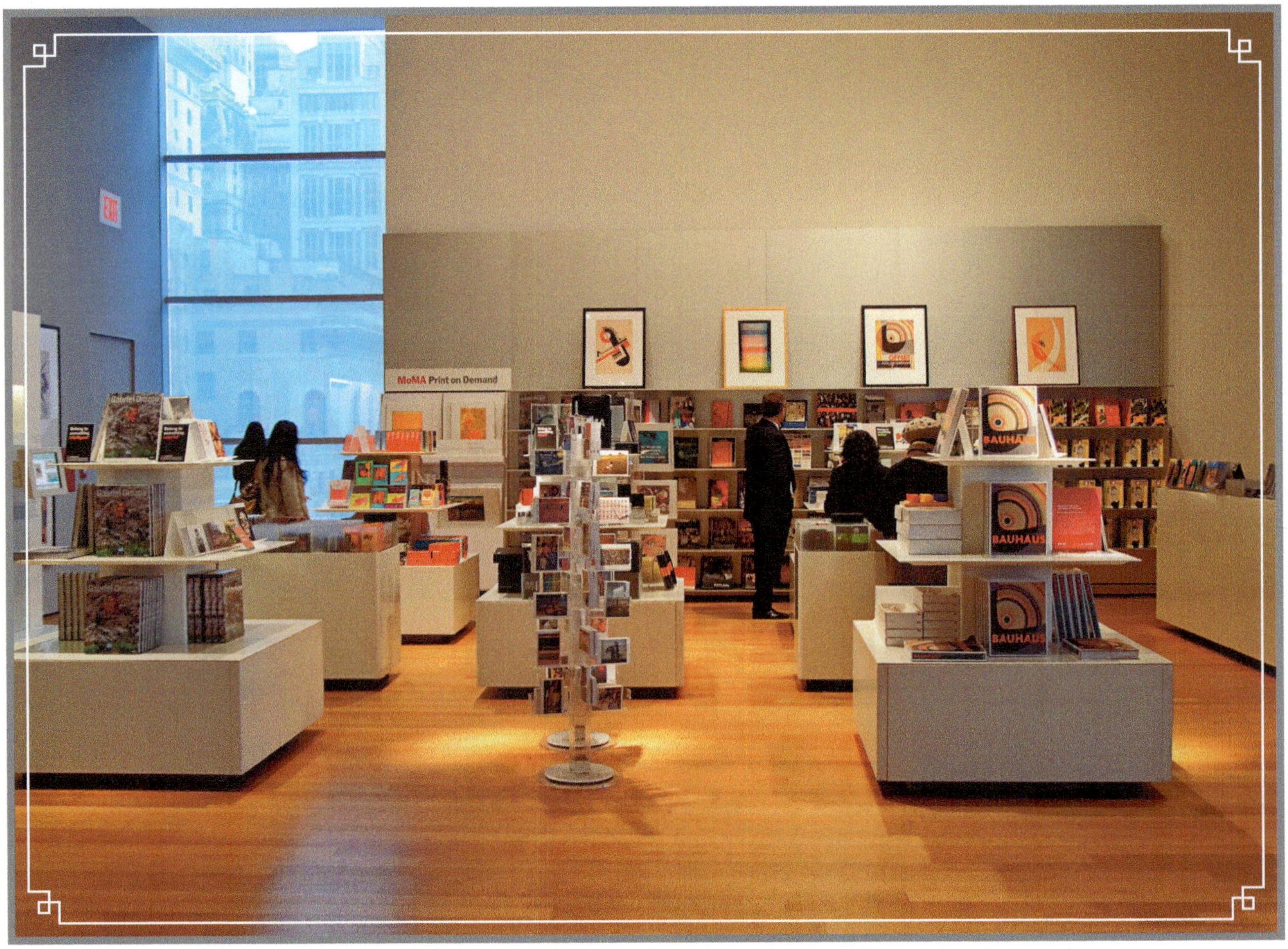

Você sabia?

"No Brasil, há o registro da existência de mais de 2.500 instituições museológicas, que apresentam uma grande diversidade. São museus de caráter nacional, regional e comunitário, públicos e particulares, históricos, artísticos, antropológicos e etnográficos, científicos, tecnológicos etc. Museus de tudo e de todos." (http://portal.iphan.gov.br). Os museus particulares possuem acervos adquiridos e podem ser abertos ao público. Um museu é sempre aberto ao público e não tem fins lucrativos, isto é, não pode expor seus objetos para venda. O acervo de um museu público é patrimônio do Estado e não pode ser comercializado, mas algumas vezes os museus trocam peças entre si.

O acervo do museu é formado por objetos ou materiais organizados e marcados com informações diversas: qual sua origem, sua época, para que servem, por quem foram entregues etc.

O Museu de Ciências e Tecnologia da PUC-RS localiza-se em Porto Alegre, capital do Rio Grande do Sul. Seu acervo é composto por onze coleções que dão explicações aos visitantes sobre botânica, zoologia, paleontologia e arqueologia, de maneira divertida e interessante, além do planetário e um espaço dedicado ao público infantil.

O prédio do museu

Museu não é um edifício, ou uma parte de um edifício. Museu é a coleção, isto é, o acervo e tudo o que lhe diz respeito, guardado no interior do edifício.

Há museus que estão instalados em edifícios construídos para essa finalidade. Esses prédios, além de manter protegido o seu acervo, incluindo sistema de segurança, como proteção contra fogo e outros fenômenos naturais, devem possuir também sistema de segurança para os visitantes, controle de entrada e saída de pessoas e correta sinalização.

Todo museu deve ocupar um espaço adequado, limpo e iluminado, com móveis e salas especiais para preservar as coleções.

O acervo pode ficar exposto ou guardado num lugar chamado reserva técnica, que não pode ter umidade, poeira e luminosidade excessiva. Deve haver controle de luz, de ar e de temperatura, tudo adequado a cada tipo de objeto do acervo.

O Museu de Arte Contemporânea do Mato Grosso do Sul, criado em 1991, está localizado em Campo Grande, capital do estado, no Parque das Nações Indígenas, e possui uma reserva técnica com cerca de 1.500 obras com destaque para a arte matogrossense.

O Museu Oscar Niemeyer localiza-se em Curitiba, capital do Paraná. Seu edifício foi projetado pelo próprio Niemeyer e inaugurado em 1978.

Há museus que estão instalados junto a outras instituições, que funcionam em um mesmo edifício. Há também museus que fazem parte de uma escola, de uma empresa, de um centro cultural etc.

O Museu do Futebol está instalado em um estádio de futebol – Estádio Paulo Machado de Carvalho, no bairro do Pacaembu, na cidade de São Paulo, e possui 15 salas temáticas, que contam a história do futebol desde o início do século XX, com cerca de 1400 fotografias e vídeos.

O Museu Nacional, criado por dom João VI, em 1818, está instalado no edifício que foi a residência da família real portuguesa enquanto esteve no Brasil, local onde nasceu o imperador dom Pedro II, no Paço de São Cristóvão, na cidade do Rio de Janeiro. É o mais antigo e o maior museu de história natural da América Latina.

O Museu Afro Brasil está localizado no Parque do Ibirapuera, na cidade de São Paulo, em um edifício construído em 1954, durante as comemorações do IV Centenário da fundação da cidade, e possui um acervo dedicado especialmente a temas afrobrasileiros.

Além da reserva técnica, os edifícios onde estão os museus podem ter salas de estudos, ateliês pedagógicos, salas de restauro e salas para o trabalho administrativo.

Geralmente os objetos que não pertencem ao acervo do museu ficam expostos por um tempo e depois voltam aos seus donos. Os objetos de uma exposição não podem ficar muito tempo expostos, pois necessitam de manutenção, devido à ação da luz, da poeira e de fungos.

Quem trabalha nos museus?

Há muitos profissionais que trabalham nos museus, desde diretores e conselheiros até zeladores e o pessoal da manutenção e, principalmente os especialistas em museologia.

Museologia é o estudo dos conteúdos dos museus: como os acervos e objetos são guardados, organizados e expostos. Ao museólogo cabe orientar o conselho curador, cuidar da organização e do funcionamento do museu. Esse profissional sabe tudo sobre museus e exposições, sejam artísticas, históricas ou científicas.

Você gostaria de ser um museólogo? Ou uma museóloga?

Alunos do cruso de museologia da UniRio em atividade de higienização de acervo documental no Núcleo de Preservação e Conservação de Bens Culturais.

O Museu de Arte da Pampulha, em Belo Horizonte, capital de Minas Gerais, foi inaugurado em 1956 e possui um acervo com cerca de 1.650 obras. O edifício foi projetado por Oscar Niemeyer no ano de 1942 para abrigar, inicialmente, um cassino.

O **curador** é um especialista que pesquisa sobre os temas expostos nos museus e organiza as exposições. Por exemplo, o curador do acervo de um museu de arte é o responsável pelo estudo e pela pesquisa sobre as obras que pertencem a esse museu.

O **restaurador** é a pessoa que preserva as obras e objetos que não estão em bom estado e as restaura, isto é, conserta as obras, os objetos ou documentos que estejam danificados. Ele precisa ter conhecimentos de arte, ciências e história para pesquisar os materiais, conhecer química e física para saber como os diversos materiais reagem ao serem expostos à luz, à poluição, ao vento, ao calor ou ao frio. O museu sempre faz a limpeza ou higienização das obras e objetos de seu acervo.

Todas as obras de arte exibidas no museu têm de ser autênticas. Quando são cópias, o público deve ser avisado. O restauro de uma peça museológica ou mesmo de uma cons-

O restauro de pinturas históricas é um trabalho delicado e cuidadoso. Na foto, especialista trabalha na pintura do teto de um prédio histórico.

28

trução histórica deve mostrar ao público que ela foi preservada para que o espectador identifique o que foi restaurado. Intervir em uma obra e não deixar clara essa intervenção pode ser classificado como falsificação.

O **serviço educativo** de um museu é formado por uma equipe liderada por um curador especialista em educação. Ele organiza, planeja e prepara os monitores, que são pessoas que atendem os visitantes do museu, dando explicações sobre as obras e também desenvolvem oficinas e atividades sobre o acervo.

Para saber mais

Cada museu tem um conselho composto de pessoas que cuidam do seu funcionamento segundo a orientação de uma organização internacional. Se uma peça for roubada de um museu, todos os museus do mundo ficam sabendo e ajudam a descobrir seu paradeiro. Muito legal, não é mesmo?!

Restauro de uma "thai art", pintura típica tailandesa, em friso de uma parede no templo Emerald Buddha (Tailândia).

3. A visitação

Uma exposição é para ser apreciada sem pressa. O momento de apreciar um objeto ou um quadro que lhe chamou a atenção é sagrado. É todo seu. O que você vai sentir e pensar nesse momento é algo único. Uma experiência só sua.

Claro que depois você vai dividir essa experiência com seus amigos, com sua família e com sua professora.

Quando você vai a um campo de futebol ou a uma quadra esportiva, pode torcer e gritar para incentivar seu time; quando vai a uma festa, provavelmente, vai conversar em voz alta e até dançar; mas quando vai a uma exposição, a um museu, deve caminhar devagar para apreciar tudo o que está exposto, e falar baixo. Você deve aproveitar e apreciar tudo que lhe é oferecido, com tranquilidade.

O ambiente do museu deve ser calmo e silencioso, e os visitantes devem colaborar nesse sentido.

Existem museus que são organizados para que o visitante caminhe a pé, ao ar livre, observando as construções históricas, como o Museu Aleijadinho, em Ouro Preto. Esse museu foi organizado em 1968 na cidade de Ouro Preto, em Minas Gerais, e atualmente é composto de três igrejas históricas.

No Vale dos Dinossauros, interior da Paraíba, os visitantes caminham por trilhas e observam 50 tipos de pegadas de animais pré-históricos, como os estegossauros, alossauros, iguanodontes e inúmeras outras espécies de dinossauros que viveram ali entre 250 e 65 milhões de anos atrás.

O Vale dos Dinossauros é um espaço preservado com 700 km quadrados, localizado perto das cidades de Sousa e São Gonçalo, na Paraíba. O acervo destaca-se pelas pegadas fossilizadas, que podem ser vistas ao ar livre nas trilhas.

Lembretes importantes

Ao visitar um museu, é importante observar algumas normas:

a **Não devemos tocar nas obras expostas.**

Você pode imaginar o que aconteceria se todas as pessoas que visitam uma exposição tocassem os objetos ou obras expostos?

Esse contato rapidamente provoca a formação de fungos que destroem a obra ou o objeto. Por esse motivo devemos respeitar a recomendação para não tocar no que está exposto nos museus.

Porém, há museus com exposições que convidam os visitantes a tocar e a interagir com as obras. Mas essa orientação deve estar explícita.

b **Não devemos gritar nem correr.**

Ao visitar um museu, podemos nos divertir, mas isso não quer dizer correr, pular, gritar ou rir. Você se diverte ao conhecer e aprender coisas diferentes, para depois comentar e fazer comparações.

O espaço de exposições não é preparado para correrias. E se alguém falar muito alto dentro do museu vai incomodar quem está apreciando as obras com atenção ou ouvindo alguma explicação dos monitores.

c **Não devemos comer ou beber no espaço do museu.**

Se você estiver com fome ou sede, coma ou beba antes de visitar o museu. Não é permitido que se leve comida ou bebida aos locais das exposições, para não haver risco de alguém molhar ou engordurar o ambiente ou as obras expostas.

d **É melhor não levar sacolas ou bolsas grandes ao museu.**

Os museus pedem aos visitantes que guardem suas sacolas em armários, além de passar por detectores de metal e averiguação de bolsas. Isso para que ninguém leve consigo objetos que possam danificar as obras do acervo. É preciso ter cuidado para se movimentar entre as obras sem derrubá-las.

e **É preciso se informar para saber se é permitido fotografar.**

As obras de um acervo estão expostas para ser apreciadas pelo tempo que o visitante desejar. Há salas de museus que possuem bancos em frente a algumas obras para que as pessoas possam apreciá-las com calma. Fotografar o acervo não é permitido porque o *flash* pode danificar as obras; e como elas são patrimônio do museu, ninguém pode utilizá-las, comercialmente, sem a devida autorização. Pergunte sempre se é permitido fotografar.

Leve sempre um bloquinho, porque você poderá anotar informações, desenhar, comentar e ter ideias sobre as obras que chamaram sua atenção.

Você sabia?

As obras de um acervo são bastante valiosas. Os museus gastam muito dinheiro para protegê-las e preservá-las. Na maioria dos grandes museus existem alarmes que avisam se alguém se aproxima da obra ou se ocorre algum acidente; além disso, o ambiente é monitorado com câmeras de segurança e uma rede de computadores. Para preservar as obras, os museus devem manter uma temperatura adequada na sala, além de uma iluminação que não as prejudique.

Uma visita legal para alguém especial

As pessoas com necessidades especiais podem visitar os museus e apreciar suas obras. Os museus devem oferecer condições para a visita de qualquer público.

Pessoas com dificuldade de locomoção geralmente têm acesso por meio de rampas, elevadores bem sinalizados, vagas especiais no estacionamento e banheiros adequados e adaptados.

Muitos museus de arte têm pessoal especializado, materiais e espaços adequados para os deficientes visuais, com réplicas de objetos tridimensionais, reproduções de telas com materiais de diferentes texturas e formas, para que possam ser tocadas e sentidas, além de fones com gravações de informações sobre as obras. O piso podotátil, feito com um material que permite a orientação dos caminhos através do tato, conduz o visitante.

O Museu do Futebol, em São Paulo, desenvolve um projeto de inclusão e acessibilidade de crianças em espaços culturais. Na foto vemos as mãos do garoto Ian Souto, deficiente visual, tocando uma obra em relevo, exposta nesse museu.

Durante a visita

Ao chegar a um museu, observe o edifício e os jardins ao seu redor, se houver. Ao entrar, preste atenção ao tamanho e à luminosidade das salas e como as obras estão organizadas e expostas para serem vistas. Repare nos móveis e no sistema de segurança das salas. Respeite a distância demarcada para a observação das obras. Leia as etiquetas ou legendas colocadas ao lado das obras e dos objetos para identificá-los.

No caso de museu de arte, geralmente as etiquetas informam o nome da obra, o nome do artista, a técnica ou o material utilizado, a data em que foi realizada a obra e suas dimensões. Nos museus históricos e de ciências, as etiquetas geralmente apresentam o nome do objeto exposto, quando foi feito, onde, tipo de material, como foi usado e outras explicações que possam interessar aos visitantes.

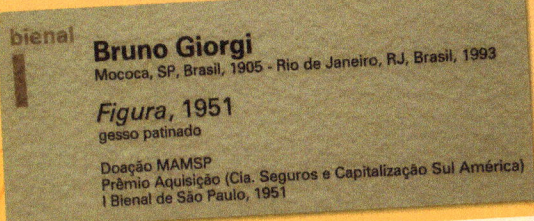

Nome da obra: indicação que o artista oferece sobre o que ele estava imaginando quando realizou o trabalho.

Nome do artista: saber quem realizou o trabalho é importante, porque podemos mais tarde observar outras obras desse mesmo autor, procurar mais informações a seu respeito, onde e quando ele viveu etc.

Técnica e material utilizados: cada linguagem artística tem suas características próprias, e quando o artista escolhe determinado material para trabalhar é porque domina a técnica e sabe o resultado final que poderá obter.

Data: conhecer a época em que foi realizado o trabalho nos possibilita entender a obra no tempo, ou seja, dentro da história. Toda obra de arte está inserida em um determinado momento histórico. Por isso é muito importante conhecer história para melhor apreciar arte.

Dimensões: as medidas de uma obra de arte estão em centímetros. Nas obras feitas em uma superfície plana elas indicam a largura e o comprimento do suporte utilizado. As medidas das esculturas indicam a altura, o comprimento e a largura, quando é possível determiná-las, considerando ou não a sua base.

Para saber mais

Quando vemos uma imagem impressa em uma publicação temos dificuldade em perceber o tamanho real da obra. Por exemplo, o famoso quadro *A Mona Lisa*, de Leonardo da Vinci, já foi reproduzido em muitos lugares em diferentes tamanhos, porém, o tamanho real da obra é 77 cm de altura por 53 cm de largura. Veja a proporção da escultura *Vênus de Milo* em relação às pessoas e às paredes da sala do museu. Imagine seu tamanho real.

Vênus de Milo, de Alexandros of Antioch, estátua de 2,02 metros de altura.

Por isso, visitar um museu é muito interessante porque é possível apreciar as obras de arte em seu tamanho real, observar as cores originais, a textura do material utilizado, enfim, todos os detalhes, ao vivo e em cores.

Se você vir no museu bicicletas de rodas grandes e altas como esta, provavelmente, vai pensar: "como as pessoas andavam nelas?", "como se equilibravam, ainda mais com essas roupas diferentes?".

4. Escolhendo um museu

Os objetos expostos nos museus não são apenas uma reunião de "coisas". Eles têm um significado, um tema e uma orientação.

Na maioria das vezes a intenção de uma exposição nos museus é provocar pensamentos, ideias, reflexões e até conclusões de quem a aprecia.

Por isso, aproveite ao máximo quando for a um museu, seja curioso.

Ao olharmos os quadros, as esculturas, os objetos antigos e os objetos científicos, podemos descobrir as mensagens que eles carregam, como se fosse um segredo que nós vamos desvendar.

Você pode descobrir os segredos em vários tipos de museus, de acordo com o acervo de cada um. Pode escolher entre os museus de história, de ciências, de arte, os jardins botânicos, os zoológicos e os aquários.

Se você for a uma exposição de chapéus, vai notar o material de que são feitos, os modelos, as cores, e se apresentam sinais de uso. Cada chapéu pode dizer muita coisa para quem o observa.

Às vezes, os acervos de museus com temas diferentes podem estar juntos num mesmo edifício ou em locais próximos uns dos outros.

Na cidade de Valência, na Espanha, há um espaço chamado "Cidade das Artes e das Ciências" com cinco museus: o Umbracle (uma espécie de jardim botânico em uma estufa com plantas da região), o Palácio das Artes, o Hemisférico, o Museu das Ciências e o Oceanográfico. Dessa maneira, todos os tipos de museus ficam juntinhos e fáceis de serem visitados.

O museu de história

O museu de história conserva objetos importantes para a história de uma sociedade. Os objetos históricos podem ser materiais ou imateriais, e para estarem no acervo devem ser importantes para um grupo, para uma cidade, para um país ou para a história do mundo inteiro.

Geralmente os museus históricos são os mais antigos e também os mais conhecidos do público.

O Museu da Língua Portuguesa, em São Paulo, foi criado em 2006. Possui um acervo imaterial sobre literatura, composto de palavras, textos literários e fatos históricos sobre o nosso idioma.

Para saber mais

O acervo de um museu histórico é material quando apresenta objetos construídos pelo homem; ou imaterial quando faz parte de uma coleção de pensamentos, palavras, sons e ações registrados em livros ou gravações.

O museu histórico resgata fatos e figuras com base em pesquisas em documentos ou narrativas que são expostos ao público por meio de exposições, publicações e cursos.

Uma peça é considerada histórica e pode ir para o acervo do museu histórico, tornando-se um bem tombado, se tiver importância para a sociedade e se for adequada a esse tipo de museu. Os conselheiros selecionam os objetos ou obras que têm relevância para cada tipo de museu.

©RUBENS CHAVES/PULSAR IMAGENS

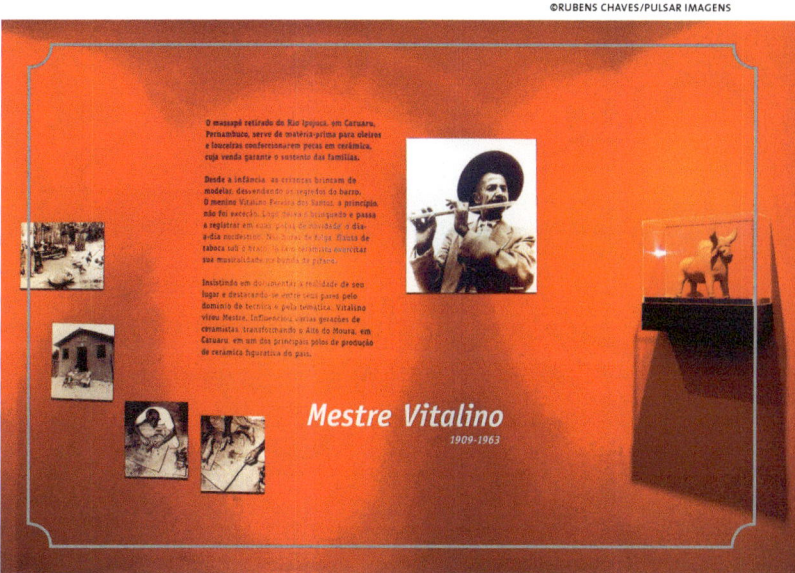

A Galeria Mestre Vitalino faz parte do Museu do Folclore Edison Carneiro, que está instalado no Centro Nacional de Folclore e Cultura Popular (RJ). Este museu preserva as culturas material e imaterial de nossas comunidades, transmitidas de geração a geração pelas pessoas do nosso povo. Foi criado em 1968 e possui um acervo com cerca de 14 mil objetos.

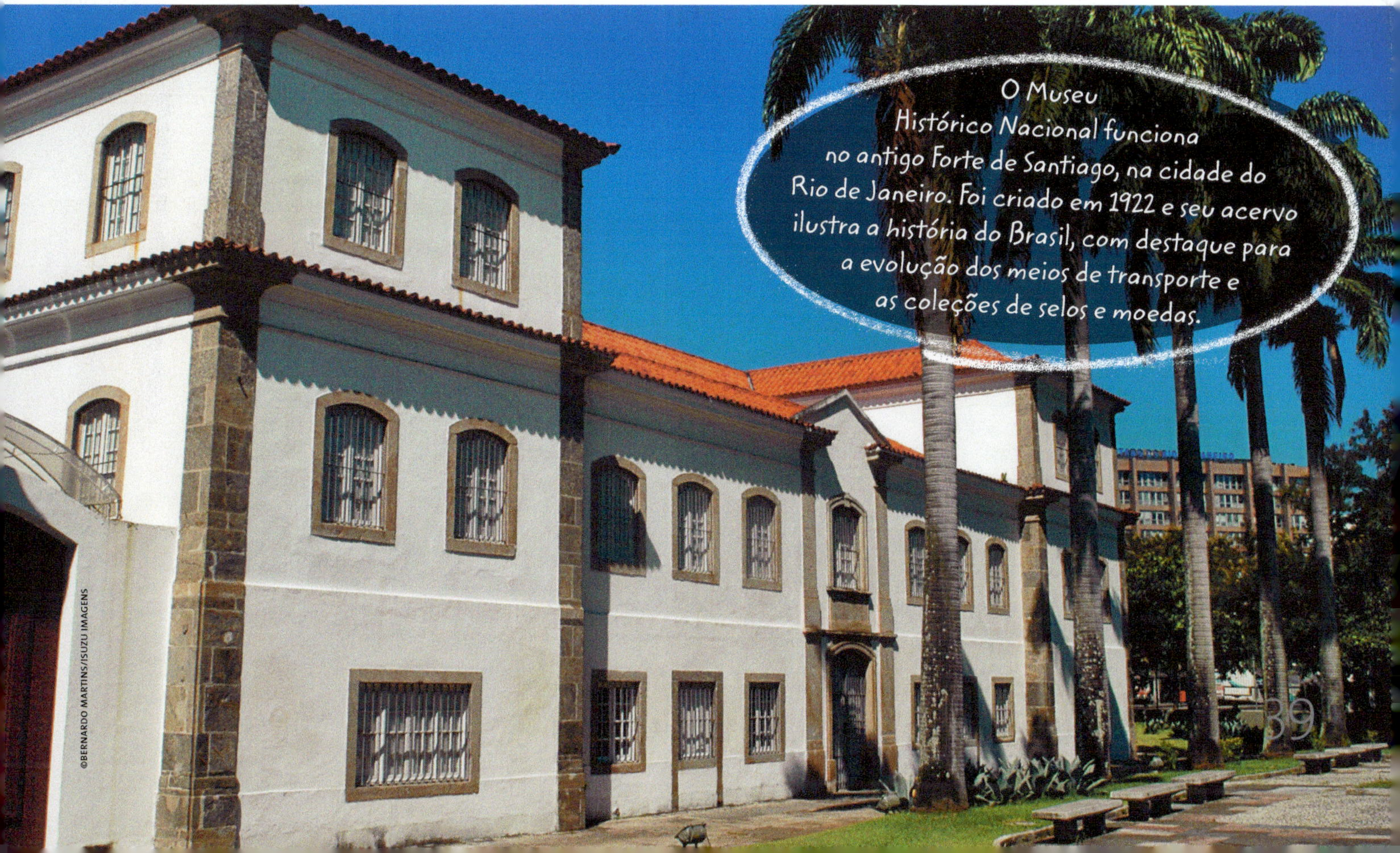

©BERNARDO MARTINS/ISUZU IMAGENS

O Museu Histórico Nacional funciona no antigo Forte de Santiago, na cidade do Rio de Janeiro. Foi criado em 1922 e seu acervo ilustra a história do Brasil, com destaque para a evolução dos meios de transporte e as coleções de selos e moedas.

Bem tombado

Um bem é tombado quando seu valor cultural é reconhecido. Pode ser um objeto, um lugar, um edifício, qualquer coisa que tenha importância histórica, cultural ou artística. O bem tombado se transforma em patrimônio oficial e é registrado no livro do tombo. A partir daí, suas características devem ser preservadas e ele não pode ser destruído, vendido ou modificado.

O Museu Paulista da Universidade de São Paulo, mais conhecido como Museu do Ipiranga, está instalado na região onde foi proclamada a independência do Brasil, em 1822. O museu faz parte de um grande complexo, que compreende jardins e esculturas. Numa parte subterrânea guarda os corpos de dom Pedro I, da imperatriz Leopoldina e da imperatriz dona Amélia. Na parte da frente há uma pira onde arde, permanentemente, a chama da liberdade.

O Museu Imperial localiza-se na cidade de Petrópolis, na região serrana do Rio de Janeiro. Abriga 300 mil itens sobre o período do Império no Brasil, em especial sobre o segundo reinado.

O Museu de Arte Moderna da Bahia localiza-se em Salvador, em um edifício histórico tombado, conhecido como Solar do Unhão. Possui um acervo de arte contemporânea e um parque de esculturas.

Sobre o acervo do museu de história

Geralmente os museus históricos têm uma seção de iconografia onde se guardam revistas, jornais, livros, mapas, fotografias, gravações (patrimônio imaterial) e também desenhos, pinturas e esculturas que são importantes para a história do país.

Por exemplo, o Museu Paulista da USP, que é um museu histórico cujo acervo está ligado à história do Brasil, possui também obras de arte com temas históricos, e que poderiam estar em um museu de arte.

Independência ou morte, de Pedro Américo, 1888, óleo sobre tela, 760 x 415 cm.

O quadro *Independência ou Morte*, de Pedro Américo, representa o famoso grito do Ipiranga, às margens do rio Ipiranga, quando dom Pedro I declarou a independência do Brasil do domínio de Portugal. Essa obra faz parte do acervo do Museu Paulista.

O objeto histórico guardado em um museu tem segredos que podemos descobrir facilmente. Veja:

1) A maneira de pensar das pessoas que viveram no tempo em que o objeto foi feito.

Quando vemos um objeto antigo, podemos imaginar quando, como e por que ele era utilizado pelas pessoas.

Na foto a seguir vemos um trono, que está exposto no Museu Imperial de Petrópolis. Podemos nos perguntar: Quem sentava nesse trono? Esse objeto nos revela que imperadores do Brasil sentaram nesse trono para governar nosso país, num tempo em que ainda existiam princesas, príncipes, barões, condes e viscondes por aqui.

2) Os costumes e os gostos das pessoas que fizeram os objetos que estão expostos no museu de história.

Nesta foto vemos dois bonecos (mamulengos) que estão expostos no Museu Tiridá, em Olinda (PE). Esses bonecos nos revelam a maneira como o artista se inspirou nas pessoas de sua comunidade, mostrando seus costumes, desde as roupas que vestem até a forma de comemorar algum evento.

Para saber mais

Dizem que a palavra mamulengo — nome de um tipo de fantoche — tem origem na expressão "mão molenga". Esse fantoche é colocado na mão, como se fosse uma luva, e é manipulado, criando vida nas brincadeiras.

O museu de ciências

O museu de ciências, assim como o jardim botânico, o planetário, os aquários e os zoológicos têm acervos que ajudam nos estudos sobre nosso planeta.

As ciências são divididas em três grupos: ciências exatas, ciências sociais e ciências naturais.

O museu de ciências trata dos assuntos relacionados às ciências naturais, mesmo que às vezes esse nome não esteja explícito.

Nos museus de ciências existem coleções sobre o meio ambiente, animais e plantas. Também há coleções que mostram como funcionam o universo e as estrelas, as máquinas e as invenções; e outras que tratam de dinossauros, múmias ou esqueletos. O museu de ciências naturais conserva objetos sobre biodiversidade, fauna e flora (atual e fóssil), e os ecossistemas terrestres e aquáticos.

O museu de ciências é um mundo fantástico, onde aprendemos sobre os fenômenos da natureza, como raios, trovões, marés e fases da Lua; sobre rios, oceanos e florestas; e descobrimos os segredos da eletricidade e das ondas sonoras, além de muitas outras coisas.

A Fundação Planetário do Rio de Janeiro foi criada em 1970 e possui duas cúpulas com máquinas de projeção, além da Praça dos Telescópios, com quatro equipamentos. Na foto, vê-se o interior do edifício do Planetário da Gávea.

O **planetário** projeta o céu com as estrelas, os planetas e as constelações, vistos a partir da Terra. O planetário da Fundação Planetário da Cidade do Rio de Janeiro promove sessões para as pessoas observarem o universo, além de cursos, exposições e observação com telescópios.

O **zoológico** é um espaço que preserva, estuda e recupera espécies de animais, além de expô-las à visitação pública.

O Jardim Zoológico de São Paulo foi criado em 1957 e ocupa uma área de 900 mil metros quadrados, com cerca de 3.200 animais cadastrados, inclusive com espécies raras.

O **aquário** é um espaço que reproduz os ambientes da vida aquática em rios e lagos, assim como em mares e oceanos, onde estão expostos exemplares de animais desses ambientes.

O Aquário Municipal de Santos (SP) é o mais antigo do país. Ele foi reformado e reaberto ao público em 2006.

Sobre o acervo do museu de ciências naturais

Às vezes, o museu de ciências naturais reúne vários tipos de acervo de ciências em geral. Outras vezes cada museu é separado por um assunto que define seu tema.

O **museu de botânica** conserva, estuda e pesquisa a flora. No espaço desse tipo de museu podem-se observar a natureza bem de perto e as várias espécies de plantas. No museu, ou jardim botânico, essas espécies são preservadas e conservadas para que nunca desapareçam.

O Museu de Ciências Naturais de Minas Gerais foi criado em 1983, em Belo Horizonte, e possui acervo com inúmeros fósseis de mamíferos. Possui também a famosa representação de um fóssil humano encontrado na cidade de Pedro Leopoldo, em Minas Gerais, com cerca de 11 mil anos.

O acervo do **museu oceanográfico** auxilia nos estudos dos oceanos e mares, como eles se comportam e o que existe em seus ambientes. São expostos equipamentos utilizados para os estudos e exemplos das espécies que vivem nesses ecossistemas, abrangendo toda a fauna marinha, desde conchas, moluscos, até tubarões e raias, lulas gigantes e peixes de grandes profundidades.

O Jardim Botânico de São Paulo abriga o Museu Botânico. A fauna e a flora, preservadas, podem ser observadas nos bosques, cachoeiras, trilhas e riachos que constituem o roteiro de visita.

O Museu Naval e Oceanográfico do Rio de Janeiro localiza-se em um prédio histórico no centro da cidade. Os visitantes podem ver de perto um torpedo e uma bomba mina, além de conhecer partes de antigas caravelas e navios e documentos históricos sobre a Marinha Brasileira.

Os fenômenos da natureza também podem ser observados em espaços dedicados às ciências, entre eles, o Museu Espaço Ciência, em Olinda (PE).

O **museu de arqueologia** possui um acervo com objetos de valor arqueológico, como vasos, pedras, fósseis, esqueletos, ossos, machados, conchas, que pertenceram a povos antigos.

O Museu Espaço Ciência, que ocupa uma área de 12 hectares. Há atividades com experimentos interativos a céu aberto sobre física, química, biologia, geografia e muito mais.

O Museu de Arqueologia de Itaipu localiza-se em Niterói, no estado do Rio de Janeiro, e funciona em um prédio histórico tombado. O acervo do museu revela objetos encontrados nas regiões dos sambaquis, onde viveram os povos nativos antes da chegada de Pedro Álvares Cabral, em 1500.

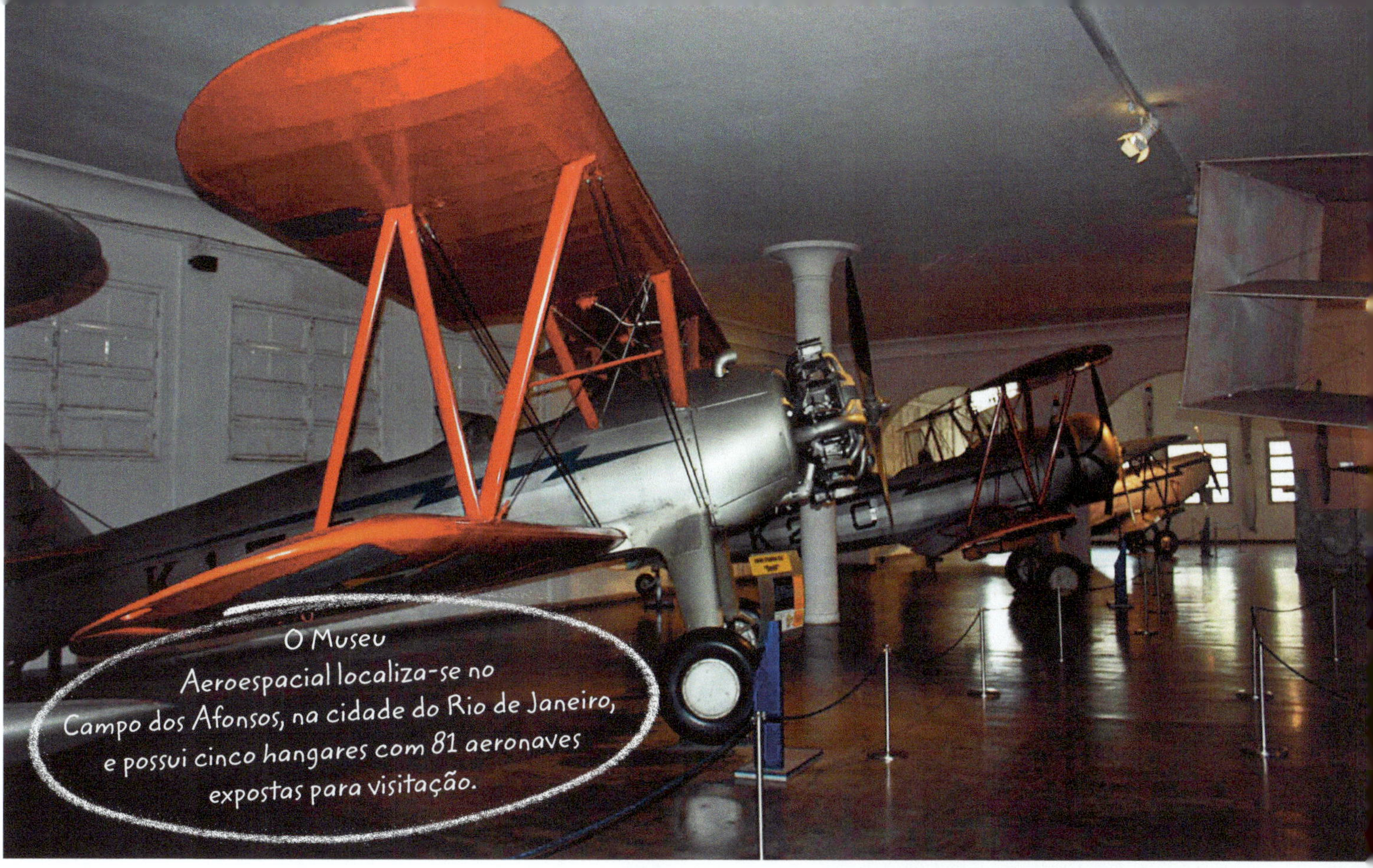
O Museu
Aeroespacial localiza-se no
Campo dos Afonsos, na cidade do Rio de Janeiro,
e possui cinco hangares com 81 aeronaves
expostas para visitação.

©CARLA JOSEPHYNE/FUTURA PRESS

Os **museus de tecnologia** possuem coleções que mostram a história da construção de objetos e máquinas. O Museu Aeroespacial, por exemplo, tem em seu acervo cerca de mil objetos que contam a história da aviação.

No **museu de astronomia** há coleções de instrumentos, objetos e documentos que foram utilizados ao longo da história para estudos do espaço celeste, que compreende as estrelas, os planetas, as constelações, os cometas e os satélites.

©ROGÉRIO REIS/OLHAR IMAGEM

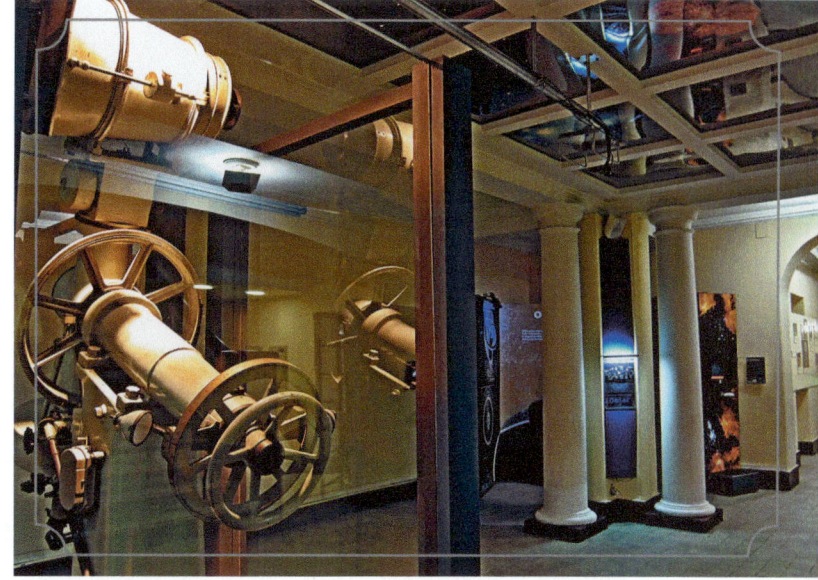

O Museu de Astronomia e Ciências Afins está localizado na cidade do Rio de Janeiro e possui um dos acervos mais importantes do país, com muitos objetos e documentos que pertenceram ao Observatório Imperial fundado em 1827 por dom Pedro I.

Os **museus de biologia** pesquisam, guardam e demonstram os estudos sobre os seres vivos, inclusive os microrganismos, como bactérias, vírus, micróbios, germes, como acontece no Museu de Microbiologia do Instituto Butantan, na cidade de São Paulo.

O primeiro Museu Biológico do Instituto Butantan tem um acervo vivo com serpentes, cobras, aranhas e escorpiões. No Museu de Microbiologia, no mesmo instituto, estão expostas réplicas aumentadas e tridimensionais de bactérias, vírus e protozoários, além de microscópios para observação.

O museu de arte

Os museus de arte guardam, preservam e expõem pinturas, esculturas, gravuras, desenhos, fotografias e outros objetos artísticos que foram produzidos ao longo da história do homem. Existem grandes museus de arte com acervos que mostram todos os períodos da história da arte. Outros têm acervo de uma determinada época, de um certo lugar ou sobre um determinado tema.

O Museu de Arte Latinoamericana de Buenos Aires está aberto ao público desde 2001 e possui um acervo importante sobre a arte latina, com destaque para a obra Abaporu, da pintora brasileira Tarsila do Amaral.

O Museu de Arte de São Paulo Assis Chateaubriand (MASP) é o mais importante museu de arte ocidental do hemisfério sul, com cerca de oito mil peças em seu acervo.

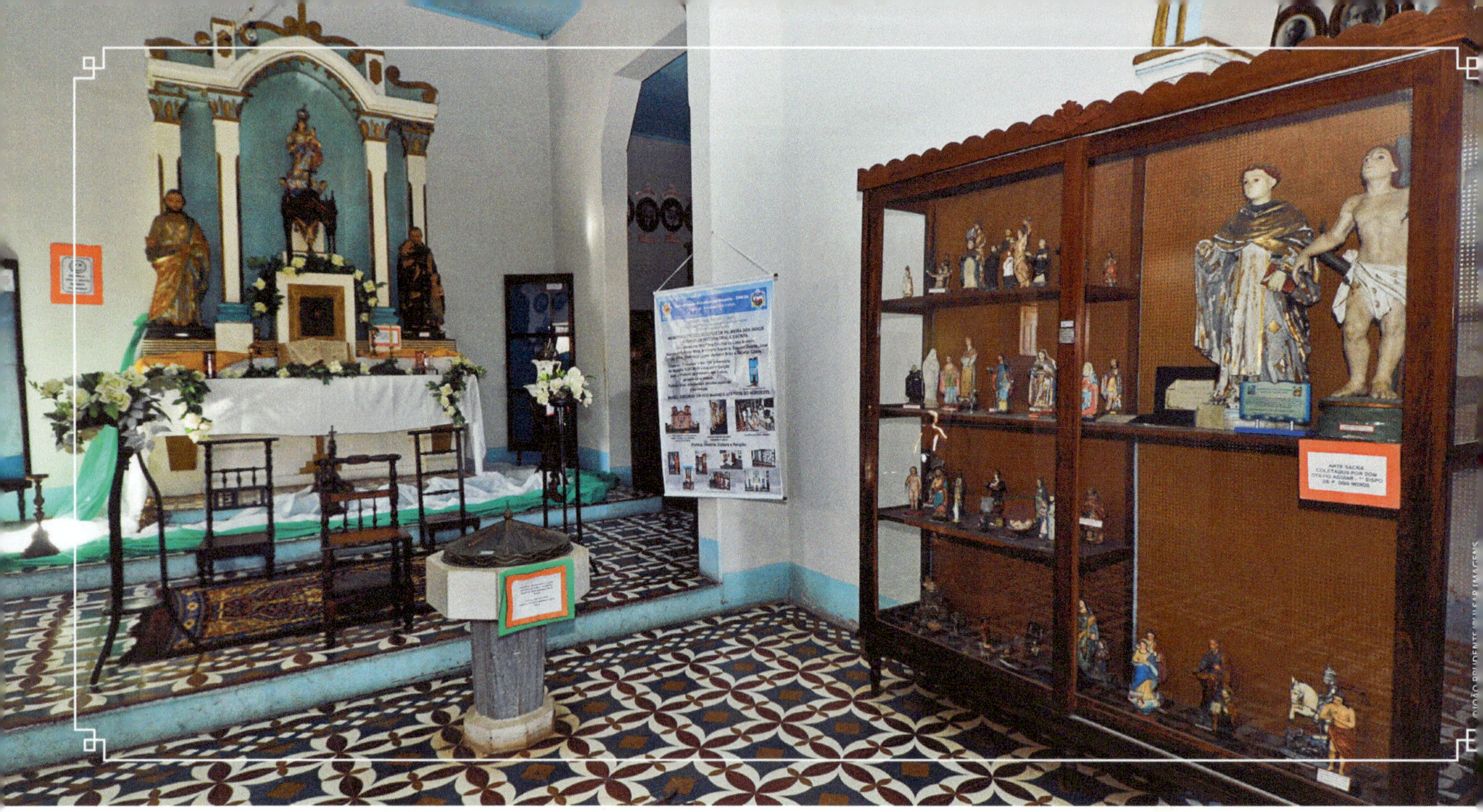

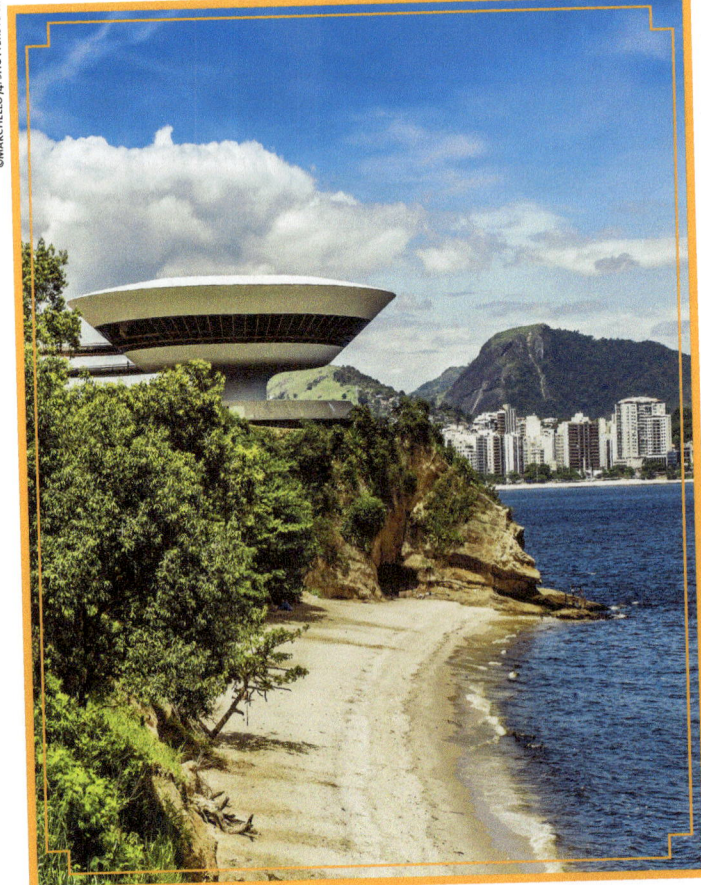

Os museus de arte sacra preservam e expõem obras com temática religiosa: objetos litúrgicos, altares, ornamentos para enfeitar os altares, livros, móveis, obras de arte com temática religiosa, vestimentas usadas em cerimônias religiosas e até mesmo presépios de diferentes culturas. Na foto, esculturas sacras missioneiras do acervo do Museu das Missões, em São Miguel das Missões, importante sítio histórico do Rio Grande do Sul.

©MARCHELLO74/SHUTTERSTOCK

O Museu de Arte Contemporânea de Niterói conserva e expõe obras realizadas por artistas nos últimos anos do século XX e neste século. Funciona em um edifício projetado por Oscar Niemeyer, e possui em seu acervo mais de mil obras de artistas brasileiros.

Para saber mais

Pinacoteca quer dizer "sala que abriga uma coleção de pinturas". Antigamente só havia quadros no acervo das pinacotecas. Hoje elas têm todo tipo de obra de arte, como outros museus de arte.

A Pinacoteca do Estado, fundada em 1905, é o mais antigo museu da cidade de São Paulo.

Na cidade de São Caetano do Sul, em São Paulo, a Pinacoteca Municipal possui uma coleção bastante representativa da arte moderna brasileira.

Sobre o acervo do museu de arte

Ao visitar um museu de arte podemos descobrir muitas coisas além de simplesmente olhar para uma imagem. Uma obra de arte revela as emoções do artista e a técnica utilizada para representar seus sentimentos.

Quando apreciamos uma obra de arte, observamos, em primeiro lugar, a técnica e o material utilizados pelo artista, depois vamos procurar saber quem é o artista, qual sua origem, em que época viveu, ou se ainda é vivo.

Finalmente, tentamos imaginar qual a intenção do artista ao produzir aquela obra, qual o seu sentimento. Será que ele queria homenagear alguém? Será que queria denunciar alguma coisa? Será que estava feliz ou triste? Será que realizou a obra por encomenda de alguém ou por uma realização pessoal?

Observe esta pintura. Por meio da legenda vamos conhecer a técnica utilizada pelo artista, o ano em que a obra foi realizada e suas

dimensões. Percebemos as cores e como o artista organizou as figuras na tela. O artista expressou o mesmo tema dessa pintura em três obras, utilizando três tipos de técnica: aquarela, gravura e óleo sobre tela.

Mas para saber qual foi a intenção do artista, precisamos conhecer a história da época em que ele pintou a obra. Geralmente os monitores de um museu de arte podem ajudar nisso.

Neste caso, vamos descobrir que Debret era um artista francês que morou no Brasil no tempo do Império. Ele foi o responsável pela decoração da festa por ocasião da chegada da princesa Leopoldina. Debret costumava fazer desenhos e pinturas para agradar a imperatriz, agora como esposa de D. Pedro I. Depois, tornou-se um artista famoso por registrar cenas das pessoas e dos ambientes da sua época.

Olhando atentamente esta escultura, percebemos que os dedos estão bem abertos e na palma da mão há o desenho do mapa da América Latina, como se fosse pintado com sangue, o que mostra a intenção do artista, ou seja, chamar a atenção para os problemas sociais que existem nos países latinoamericanos.

O Memorial da América Latina, criado em 1989, é um espaço cultural que tem por missão estreitar as relações entre os países da América Latina e divulgar a cultura, a arte e a história desses países.

Desembarque da Princesa Leopoldina. Óleo sobre tela de Jean-Baptiste Debret, 1817, 34,9 x 25,7 cm, Museu Nacional de Belas Artes do Rio de Janeiro (esse museu foi criado em 1937 e reúne o acervo que pertencia à Academia Imperial de Belas Artes, do início do século XIX).

Os trabalhos artísticos que estão nos museus de arte podem ser **bidimensionais**, **tridimensionais** ou **audiovisuais**, de acordo com o material e a técnica que o artista utilizou.

a) Obras bidimensionais

As obras bidimensionais são produzidas em uma superfície plana. A pintura, o desenho e a gravura são bidimensionais.

Caricatura de Mario de Andrade, de Antônio Paim Vieira, 1923, nanquim e giz de cera s/ papel vegetal, 23,7 x 32,1 cm.

O **desenho** é normalmente feito sobre papel ou qualquer outra superfície e com vários materiais: carvão, lápis, pincel ou caneta com tinta nanquim.

A **pintura** também pode ser feita sobre uma superfície plana, como papel, tela de tecido, painel de madeira, parede etc. Os materiais usados são tinta, lápis, giz, pozinhos diluídos etc.

Composição, de Manabu Mabe, 1967, óleo sobre tela, 59,5 x 50 cm.

A **gravura** é outro tipo de obra bidimensional, encontrada em museus de arte. Trata-se de uma imagem impressa num papel feita a partir de uma matriz, que pode ser de madeira (xilogravura), de metal (calcogravura), de pedra (litogravura) ou de seda (serigrafia).

Para saber mais

As pinturas **figurativas** são classificadas em históricas, retrato ou autorretrato, cenas do cotidiano (pintura de gênero), natureza morta, paisagem, marinha, pintura de animais e alegoria.

Retrato é a imagem de uma pessoa real que pode ser desenhada, pintada, gravada, esculpida ou fotografada.

Autorretrato é a imagem desenhada, pintada ou gravada que o artista faz de si mesmo.

Moça com brinco de pérola, de Johannes Vermeer, 1665-6, óleo sobre tela, 39 x 44,5 cm.

Autorretrato, de Eliseu Visconti, 1910, óleo sobre tela, 33 x 40 cm.

Vaso com flores rosas, de Tarsila do Amaral, déc. 1950, óleo sobre tela, 26,5 x 34,5 cm.

Salto de Itú, de Almeida Júnior, sem data, óleo sobre tela, 67 x 46 cm.

Natureza morta é a representação de seres inanimados, como flores, frutas, pedras etc.

Paisagem é a representação de ambientes campestres, como florestas, parques, campos, árvores, bosques, lagos e rios.

Marinha é a representação de objetos e paisagens relativos ao mar, como a praia, o oceano, os barcos, o farol, os coqueiros, a areia e as conchas.

Marinha (Guarujá), de Almeida Júnior, 1895, óleo sobre tela, 83 x 48 cm.

Alegoria é a representação de ideias e conceitos por meio de figuras mitológicas, como a liberdade, a justiça, a força, o amor, a música, o teatro e a dança.

A noite acompanhada dos gênios do estudo e do amor, de Pedro Américo, 1883, óleo sobre tela, 195 x 260 cm.

Quatro lagos, de Leda Catunda, 1998, litografia, 40 x 59 cm.

As obras visuais também podem ser **abstratas**, ou **não figurativas**, com desenhos e pinturas que não são reconhecidos ou comparados com pessoas, lugares ou objetos. Nesse caso, os artistas utilizam cores, formas e linhas para realizá-las.

b) Obras tridimensionais

As obras tridimensionais são aquelas que têm forma, peso e volume, como as esculturas, montagens, instalações e móbiles.

Para saber mais

Para apreciar melhor uma escultura num museu ou num espaço aberto, caminhe ao seu redor, observando os volumes e a textura do material utilizado na obra, a combinação e o equilíbrio das cores e das formas.

O Museu de Arte Moderna — MAM — da cidade São Paulo possui um acervo permanente de esculturas que está exposto em uma área de 6 mil metros quadrados, no Jardim das Esculturas, no Parque do Ibirapuera.

Para saber mais

O escultor pode usar pedra, madeira, metal, argila, bronze, ferro, resinas, gesso e outros materiais para fazer uma escultura. Quando decide qual é o seu material preferido, também escolhe como vai esculpir a forma: ele pode modelar, eliminar ou acrescentar material à escultura.

O Museu de Arte Contemporânea de São Paulo foi criado em 1963 e, atualmente, possui dois edifícios na cidade, com cerca de 10 mil obras de arte no total, entre elas esta escultura em bronze de Umberto Boccioni (1913), 116 x 85 x 38 cm.

Os móbiles são obras tridimensionais que se movimentam sem auxílio mecânico, parecem soltas, e deslocam-se por meio de vibração ou do vento.

Obra de Wyn Evans Cerith, exposta no Musée National d'Art Moderne, em Paris (2008).

61

As estátuas são esculturas que representam pessoas ou animais reais ou imaginários, e podem ser vistas nos grandes museus de arte. Os bustos são esculturas de pessoas dos ombros para cima.

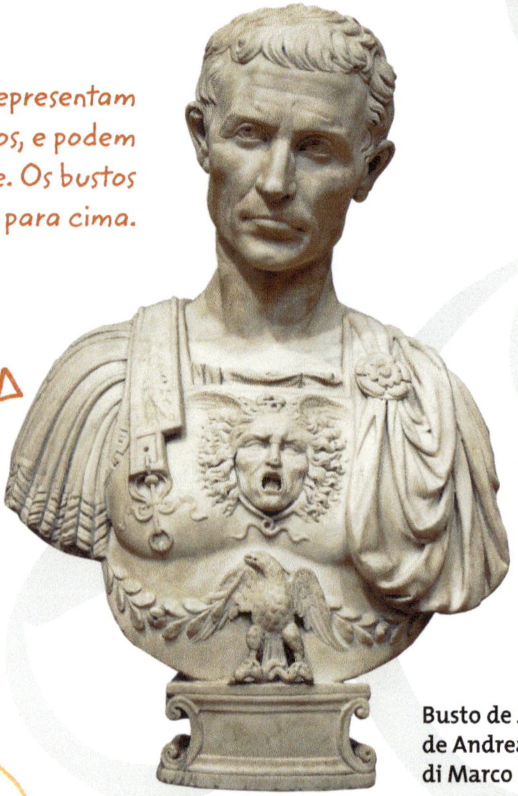

©AGE FOTOSTOCK/EASYPIX

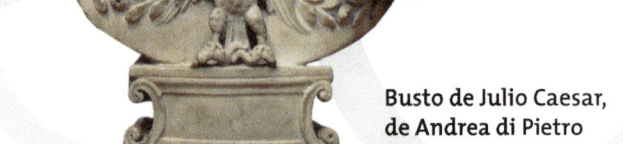

Busto de Julio Caesar, de Andrea di Pietro di Marco Ferrucci.

Na instalação os objetos interagem com o espaço e os visitantes interagem com a obra, as cores, as formas, os cheiros e os movimentos. Geralmente uma instalação em um museu não pode ser transportada para outro museu.

Público interage com obra do artista Ernesto Neto durante a exposição "Dengo", no Museu de Arte Moderna de São Paulo (MAM).

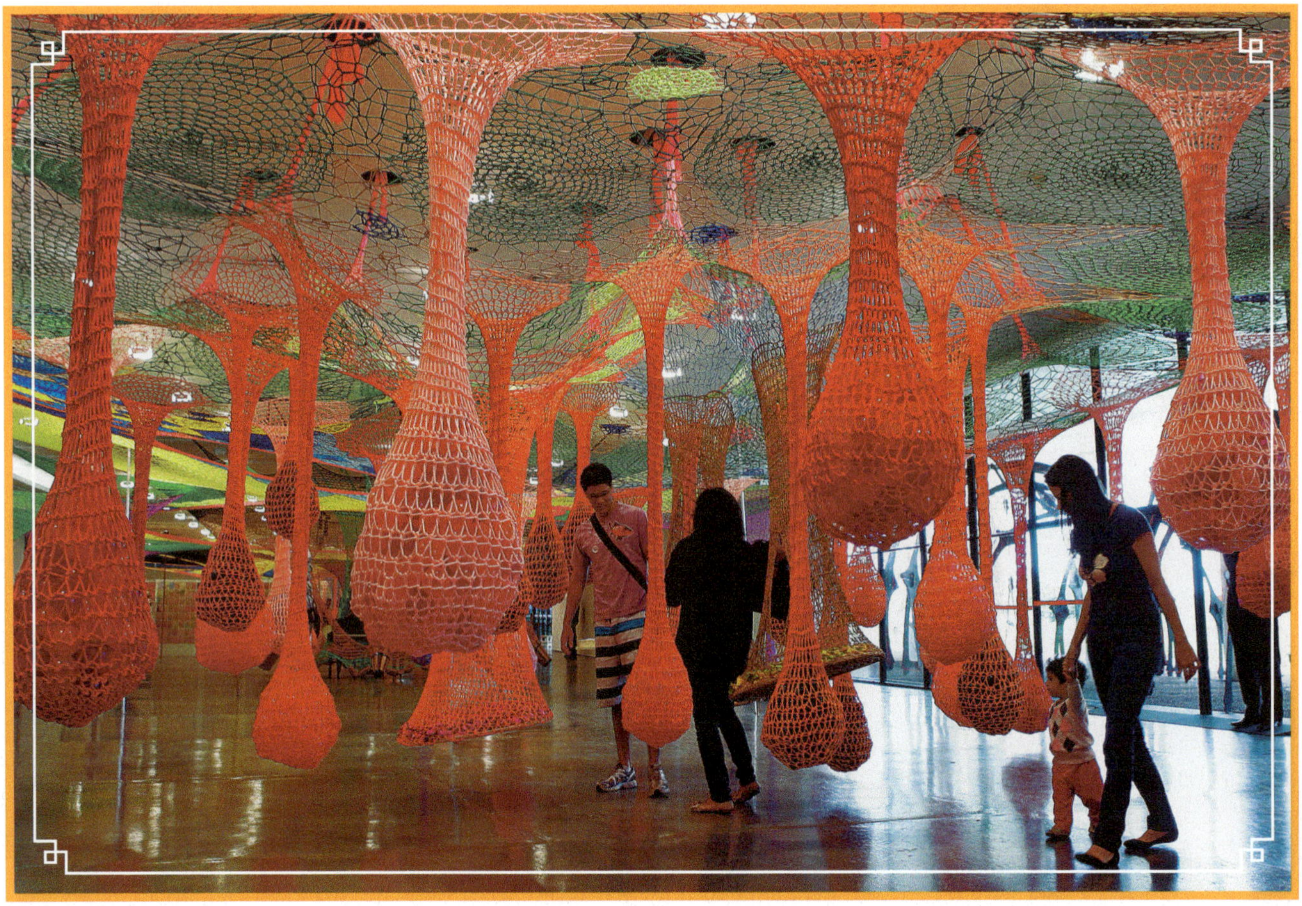

©AYRTON VIGNOLA/AGÊNCIA ESTADO

c) Obras audiovisuais

As obras de arte audiovisuais são as que possuem recursos visuais e sonoros, como vídeos, fotografias, cinema, videoarte e computação gráfica. Os artistas expõem obras de arte que utilizam novas tecnologias de comunicação desde holografias até a transmissão de dados via internet e satélites. O espaço expositivo do museu transforma-se em um espaço dinâmico determinado pelo uso artístico da tecnologia.

O Museu da Língua Portuguesa traz diversas opções de obras audiovisuais.

Considerações finais

Sempre que puder, visite um museu. Agora você já entende o seu funcionamento e sabe como descobrir seus segredos. Pode, então, se divertir e aprender muita coisa em sua visita.

Afinal, os museus são importantes para a história da civilização, para o desenvolvimento de pesquisas científicas e para o conhecimento sobre as artes.

Existem museus em todos os lugares do mundo, porque o museu é o local onde guardamos nossa memória e nossa história. Desde as mais antigas até as mais recentes. Desde temas aparentemente simples, como objetos do cotidiano, até obras de arte de grandes mestres. Desde as histórias de vida das pequenas comunidades até a vida nas metrópoles globalizadas. Desde os mares até o universo. Tudo isso está representado, guardado, preservado e exposto nos museus.

Não se esqueça: peça para seus pais ou professores levarem você para uma visita a um museu de sua cidade, ou de uma outra cidade. Você vai ver como é interessante e divertido.

Bom divertimento!